Seine kleine Stadt

Calw und Hermann Hesse

Fotografiert von Friedrich Beck

Texte von Hermann Hesse

Ausgewählt und eingeleitet

von Volker Michels

Verlegt von Günther Neske

Die Herausgabe dieses Buches wurde gefördert von

Firma Alber-Bau GmbH, Calw
Firma Baumwollspinnerei Calw, C. u. H. Schmid KG, Kentheim
Firma Dr. Bender KG, Spezialfabrik für Elektrowerkzeuge, Calw
Firma Börlind, Gesellschaft für kosm. Erzeugnisse mbH, Calw-Altburg
Firma Calwer Decken- und Tuchfabriken AG, Calw
Firma Informationstechnik Figge & Schütte GmbH, Calw
Kreissparkasse Calw
Firma Perrot-Regnerbau GmbH & Co., Calw
Firma Gerhard Stoll GmbH & Co. KG, Bauunternehmen, Calw-Heumaden
Große Kreisstadt Calw

Der Verlag dankt den Förderern, die das Erscheinen des Werkes ermöglicht haben.

 Schutzumschlag und Einband von Brigitte Neske. Gesetzt bei der Dr. Cantz'schen Druckerei in Stuttgart-Bad Cannstatt. Reproduziert bei der Graphischen Kunstanstalt Willy Berger in Stuttgart. Gedruckt und gebunden bei Wilhelm Röck in Weinsberg. Papier von der Papierfabrik Scheufelen in Oberlenningen. Printed in Germany. ISBN 3 7885 0263 0

Volker Michels

Urbild aller Menschenheimaten und Menschengeschicke

In sechzig meisterhaften Photos hat Friedrich Beck festgehalten, was heute noch, zwei Jahrzehnte nach Hermann Hesses Tod vom Calw seiner Kindheit anzutreffen ist. Wenige Orte in Deutschland sind nicht nur den Deutschen, sondern Millionen Lesern in aller Welt so intim vertraut wie dieses kleine Städtchen im nordöstlichen Schwarzwald, selbst dann, wenn sie es noch nie mit eigenen Augen gesehen haben. Als »Gerbersau« hat Hermann Hesse diesen Ort und seine Bewohner unsterblich gemacht und auf eine Weise geschildert, die seinen Lesern ein inneres Bild davon gibt, welches nachhaltiger ist als der Augenschein des gründlichsten Besuchers. Was das französische Provinzstädtchen Illiers für Marcel Proust, was die Metropolen Dublin und Prag für James Joyce und Franz Kafka bedeuteten, das war für Hermann Hesse seine Heimatstadt Calw: Schauplatz seiner frühesten Erlebnisse und Erfahrungen und Nährboden für ein künftiges Lebenswerk, das im Lokalen das Überregionale, im Zeitgebundenen das zeitlos Charakteristische sichtbar macht.

Das äußere Bild der Altstadt, wie es der heutige Besucher antrifft, unterscheidet sich – trotz mancher Veränderungen, die nicht ausbleiben können, wenn sich ein Ort um mehr als das Sechsfache vergrößert – kaum von dem Bild, wie es der junge Hesse vor der Jahrhundertwende erlebte. Schon damals erinnerte fast nichts mehr an die beinahe tausendjährige Geschichte des Städtchens. Denn zweimal, zuerst im Dreißigjährigen Krieg und nochmals, knapp sechzig Jahre später, wurde der Ort geplündert und danach fast völlig in Schutt und Asche gelegt. Und beidesmal ist er in verblüffend kurzer Zeit schöner und stattlicher als zuvor wieder aufgebaut worden. Denn diese Stadt mit ihren damals kaum viertausend Einwohnern war eine der reichsten in Württemberg. Trotz ihrer ungünstigen geographischen Lage, fast ringsum begrenzt von bewaldeten Bergen und Sandsteinfelsen, eingeklemmt in ein enges Flußtal, das keinerlei Ackerbau zuließ, verstanden es die Calwer schon früh, aus der Not eine Tugend zu machen, und spezialisierten sich auf Handwerk, Handel und eine geradezu industrielle Fertigung und Bearbeitung von Leder und Tuchen, die nicht nur den Eigenbedarf deckte, sondern das ganze Herzogtum, bald aber auch die Messen in Leipzig, Nürnberg, Augsburg, München, Frankfurt und Straßburg belieferte. Die 1650 gegründete Calwer Zeughandels-Compagnie und die hundert Jahre später organisierten Holz- und Salzhandelsgesellschaften, die ihre Waren auf dem billigen Flußweg über die heimische Nagold in die Enz und von dort in den Neckar und Rhein bis nach Holland transportieren konnten, machten Calw bald zur wichtigsten Industriestadt des Württembergischen Herzogtums. Diese beiden Jahrhunderte nach der letzten Zerstörung von 1692 haben das Bild der Calwer Altstadt geprägt, wie es der junge Hesse erlebte und wie es sich bis auf den heutigen Tag erhalten hat. Einzig die alte steinerne Brücke über die Nagold mit ihrem gotischen Zwergkapellchen hat die frühen Zerstörungen überdauert und erinnert noch daran, daß dieses »fleißige Nest mehr als zwei Jahrhunderte alt ist«.

In diesem »fleißigen Nest«, wie er es nannte, wurde am frühen Abend des 2. Juli 1877 Hermann Hesse geboren, »Sohn des Johannes Hesse, Missionar dahier«, wie es das lokale Amts- und Intelligenzblatt vom 10. Juli unter den standesamtlichen Eintragungen meldet.

Daß der Vater kein »eingeborener« Calwer, kein Gerber, Tuchmacher und – wenn schon ein Geistlicher – nicht einmal ein schwäbischer Stadtpfarrer, sondern ein Zugereister, ein in Riga gebürtiger Missionar war, ist kein Zufall. Denn seit dem 19. Jahrhundert hatte Calw zwar mehr und mehr von seiner einstigen wirtschaftlichen Bedeutung an andere Industriezentren Württembergs verloren, war aber stattdessen durch den Theologen Christian Gottlob Barth zu einem Mekka des sendungsbewußten süddeutschen Pietismus geworden. Der 1833 von Barth gegründete »Calwer Verlagsverein« hatte sich unter der Leitung von Hesses Großvater Hermann Gundert und dessen Schwiegersohn Johannes Hesse zum bedeutendsten evangelischen Missionsverlag Deutschlands entwickelt und machte die Stadt nicht weniger bekannt als vordem die Rührigkeit der eher mit weltlichen Pfunden wuchernden Kaufleute.

In dieser Atmosphäre eines weltoffenen, zugleich aber missionarisch-orthodoxen Christentums ist Hermann Hesse aufgewachsen. In ihr hat er seine ersten achtzehn Lebensjahre verbracht mit Unterbrechungen in Basel, Göppingen, Maulbronn, Stetten und Cannstatt, aber mehr als die Hälfte davon in Calw. Calwer Motive, Zeitgenossen und Konstellationen durchziehen sein ganzes Werk, vom 1896 geschriebenen Kindheitskapitel in »Hermann Lauscher« bis hin zur späten Prosa seiner »Beschwörungen« und zu den letzten Gedichten. So sehr er seine Heimat geliebt hat, so sehr hat er sich an ihr auch wundgerieben, als ihm mit zunehmendem Alter eine Anpassung an Traditionen abverlangt wurde, die seinen Anlagen widersprachen. Theologe konnte und wollte er nicht werden, wenngleich sein späteres, die Religionen der Menschheit – wie bei Lessing – in brüderlicher Toleranz vereinbarendes Werk ohne das Sendungsbewußtsein des elterlichen Protestantismus und das pietistische Sektierertum der Calwer Stundenbrüder undenkbar wäre. Seine Öffnung gegenüber den Religionen der von Großeltern und Eltern zum Christentum bekehrten asiatischen »Heiden«, seine Popularisierung buddhistischen, konfuzianischen und taoistischen Gedankenguts im »Siddhartha« und »Glasperlenspiel«, hätte sie stattgefunden ohne die frühen Anstöße im Familienkreis ehemaliger Indien-Missionare?

Doch bevor Hesse diese Impulse in seinen Büchern aufgreifen und ihre Widersprüche zu lösen vermochte, galt es zunächst, das darzustellen und zu erforschen, was ihm am meisten zu schaffen machte. Warum war es ausgerechnet ihm unmöglich, in der sympathischen »Kleinen Welt« seiner Vaterstadt ebenso reibungs- und widerspruchslos aufzugehen, wie es den meisten anderen doch offenbar ohne weiteres gelang? In mehr als dreißig Erzählungen, im frühen Roman »Unterm Rad« ebenso wie im schließlich verworfenen »Schwäbischen Lebenslauf« für das »Glasperlenspiel«, hat er sich mit dieser Frage beschäftigt und damit wie beiläufig ein inneres Bild seiner Vaterstadt überliefert, dessen topographische Anschaulichkeit nicht weniger besticht als die psychologische. Was da an »Märchenduft von Heimat«, an Lokalkolorit und unverwechselbar schwäbischem Aroma eingefangen ist, von der feuchtklammen Winkelwelt der Falkengasse, den Hinterhöfen mit ihren Mansarden und Scheunen, Pferdefuhrwerken und Mostpressen, den Lohgruben der Gerber, den Stellfallen der Flößer bis hin zu den Stuben der Kleinstadtnoblesse, den Missions- und Mäßigkeitsvereinen der Stundenbrüder oder dem Frauenzimmer-Liederkranz »Frohsinn«, das alles wird ebenso anschaulich und mit liebevoller Unbestechlichkeit überliefert wie die durch solche Verhältnisse geprägte Zoologie der Einwohner und ihrer Gewerbe. Da gibt es Seiler und Sattler, Steinhauer und Scherenschleifer, Seifensieder, Korb- und Hutmacher, Kübler, Flaschner und Fuhrleute, Brunnenmacher, Taglöhner und Winkelreiniger. Sie alle, ob wir sie aus Hesses »Gerbersau«-Geschichten nun als Joseph Giebenrath, Andreas Sauberle, Friedrich Trefz, Karl Hürlin, Stefan Finkenbein,

Schorsch Großjohann, Karl Schlotterbeck oder Präzeptor Brüstlein kennen, sind dort in ihrer Eigenart verewigt. Mehr oder weniger verfremdet findet man ihre Namen bei einem Gang über den Calwer Friedhof wieder.
Ob ihre Portraits nun direkt der Wirklichkeit entsprachen oder in ihren Besonderheiten erzählerisch überspitzt und poetisch verfremdet in den Mikrokosmos seiner Erzählungen eingegangen sind, gern hat man es nicht, sich auf so pointierte Weise charakterisiert zu finden. Und so waren die Reaktionen der Calwer Zeitgenossen auf Hesses Schilderungen nicht weniger gereizt als diejenigen der Bürger Lübecks auf das Personal in Thomas Manns »Buddenbrooks«. »Wenn der Verfasser der Buddenbrooks«, schrieb Friedrich Mann 1912 in einer Lübecker Zeitung, »in karikierender Weise seine allernächsten Verwandten in den Schmutz zieht und deren Lebensschicksale eklatant preisgibt, so wird jeder rechtdenkende Mensch finden, daß dieses verwerflich ist. Ein trauriger Vogel, der sein eigenes Nest beschmutzt.« In merkwürdiger Parallele dazu lesen wir in Hermann Hesses 1907 entstandener »Gerbersau«-Erzählung »In einer kleinen Stadt«: »Er wußte wohl ... daß man seine Karikaturen für die Missetaten des Vogels ansah, der sein eigenes Nest beschmutzt ... daß seine unerbittliche und liebevolle Kenntnis des hiesigen Lebens gerade das war, was ihn von seinen Mitbürgern schied ... doch wenn er den alten Tapezierer Linkenheil oder den jungen Friseur Wackenhut karikierte, so schnitt er mit jedem Striche weit mehr ins eigene Fleisch als in das des Gezeichneten.«
Vermutlich hängt es damit zusammen, daß Hesse, nachdem ihn sein erster großer Bucherfolg mit »Peter Camenzind« populär gemacht hatte, seine Vaterstadt in seinem ganzen Leben nur noch sechsmal besuchte, zuletzt 1931 mit seinem Sohn Bruno. Bauliche Veränderungen und Korrekturen des Flußbettes, welche unvergeßliche Bilder am Ufer der Nagold beseitigten, mögen ein Übriges dazu beigetragen haben, daß er fürchtete, das Bild seiner Geburtsstadt, wie er es in der Erinnerung bewahrt und in seinen Dichtungen überliefert hat, reduziert zu finden.
Aber seine Beziehungen zu dieser Stadt und die Kontakte zu den vielen Freunden, die er dort hatte, sind nie abgerissen. Das zeigen nicht nur seine Briefe, die Versorgung Calws unmittelbar nach dem Zweiten Weltkrieg mit Güterwaggons voller Lebensmittel, die finanziellen Zuwendungen für Bedürftige aus dem 1946 verliehenen Goethepreis oder anläßlich seines 80. Geburtstages, sondern vor allem sein bis ins hohe Alter mit dem Überliefern versunkener Bilder befaßtes Gedächtnis. So schreibt er noch Ende 1958 an seine Calwer Cousine Fanny Schiler: »Das Wiederauftauchen einer versunkenen Kindheitserinnerung schätze ich höher als das Ausgraben von sechs Römerlagern«. Und in einem anderen Brief: »In der Gasse in Calw, wo meine Eltern in meiner Knabenzeit einige Jahre wohnten, war nah bei uns das Häuschen eines Drehers, und statt eines Schildes hing über der Tür zu seiner Werkstatt eine schön gearbeitete Riesen-Tabakspfeife von mehr als zwei Meter Länge, ich könnte sie noch zeichnen. Sie war schon damals, gegen 1890, ziemlich alt. Und nun bekam ich dieser Tage ein paar Nummern einer Calwer Zeitung zugeschickt ... da erfuhr ich, daß jene alte riesige Pfeife nicht untergegangen ist wie das deutsche Reich, sondern noch existiert und von einem Sammler sorgfältig aufbewahrt wird. Diese Nachricht freute mich so, wie wenn ein Wundertäter mich von der Gicht geheilt hätte.«

Friedrich Beck ist den noch auffindbaren Bildern mit der Kamera nachgegangen. Denn immer ist es lehrreich, Wirklichkeit und Dichtung, Objektives und Subjektives zu vergleichen, um zu ermessen, was hinzukommen muß, damit aus »Krähwinkel« und »Schilda« – wie Hesse seine Vaterstadt mitunter auch genannt hat und wie es viele, keineswegs nur auf dem Lande gibt – die für ihn und manche seiner Leser »schönste Stadt der Welt« werden konnte.

Wenn ich als Dichter vom Wald oder vom Fluß, vom Wiesental, vom Kastanienschatten oder Tannenduft spreche, so ist es der Wald um Calw, ist es die Calwer Nagold, sind es die Tannenwälder und die Kastanien von Calw, die gemeint sind, und auch Marktplatz, Brücke und Kapelle, Bischofstraße und Ledergasse, Brühl und Hirsauer Wiesenweg sind überall in meinen Büchern, auch in denen, die nicht ausdrücklich sich schwäbisch geben, wiederzuerkennen, denn alle diese Bilder, und hunderte andre, haben einst dem Knaben als Urbilder Hilfe geleistet, und nicht irgendeinem Begriff von »Vaterland«, sondern eben diesen Bildern bin ich zeitlebens treu und dankbar geblieben, sie haben mich und mein Weltbild formen helfen, und sie leuchten mir heute noch inniger und schöner als je in der Jugendzeit.

Zwar ist Calw nur klein und mag einem Großstädter beinah wie ein Dorf erscheinen. Aber es war eben dennoch eine Stadt, das heißt ein Ort, dessen Bewohner nicht vom Wald und Ackerbau lebten, sondern von Handwerk und Handel. Deshalb fühlte ich mich dort wohl, denn die Menschen waren beweglicher, weitgereister und freier als auf dem Lande. Man sah allerlei Gewerbe und Industrie, sah schöne Häuser, Eisenbahn, Ratsherren, Polizei, hörte manchmal Musik bei Festen oder an den Tagen der Feuerwehr.

Der erste Blick auf die Stadt
vom Wimberg

Wenn ich jetzt etwa wieder
einmal nach Calw komme,
dann gehe ich langsam ...
am Waldhorn vorbei
und durch die Bischofstraße
an der Nagold hin ...

Er liebte die Stadt, er liebte die Landschaft, er liebte diese enggiebligen, alten Häuser und klobig gepflasterten Gassen, er liebte diese Bürger und ihre Frauen und Kinder, die Alten und Jungen, die Reichen und Armen. Hier in der Vaterstadt gab es keinen Stein und kein Gesicht, keinen Gruß und keine Gebärde, die er nicht im Innersten verstand. Hier hatte er seit frühen Knabenjahren gelernt, Menschen zu beobachten und die vielfältigen, lieben Wunderlichkeiten des Lebens mit Aufmerksamkeit zu betrachten, hier wußte er von jedem Hause und jeder Person hundert Geschichten, hier war alles kleinste Leben bis in die letzte Falte hinein ihm vertraut und durchsichtig.

*Wirtshausschild
des früheren Hotels
Waldhorn*

Du wanderst in andere Länder, die schöner und sonniger sind. Dein Herz geht dir weit auf, mildere Himmel überspannen dein neues Glück. Das ist nun dein Paradies – aber warte noch, ehe du es lobst! Warte wenige Jahre, nur ein wenig über die erste Freude und die erste Jugend hinaus! Und die Zeit kommt, da du die Berge ersteigst, um von dort die Stelle des Himmels zu suchen, unter welcher deine alte Heimat liegt. Wie waren dort die Hügel weich und grün! Und du weißt und du fühlst, dort steht noch das Haus und der Garten deiner ersten Kinderspiele und dort träumen alle heiligen Erinnerungen deiner Jugend, und dort liegt das Grab deiner Mutter. – So ist dir die alte Heimat ungewollt lieb und fern geworden.

Auch ich selber bin seit Jahrzehnten fort und fremd geworden, und die dortigen Dinge, Bilder und Ereignisse gehören der fernen Vorwelt der Jugend und der Erinnerungen an, in Jahrzehnten habe ich Tal und Stadt nur wenigemal für wenige Stunden wiedergesehen, aber nie mehr ist eine andere Stadt in den Ländern, in denen ich seither gewohnt habe und gereist bin, mir so bekannt geworden; noch immer ist die Vaterstadt für mich Vorbild, Urbild der Stadt, und die Gassen, Häuser, Menschen und Geschichten dort Vorbild und Urbild aller Menschenheimaten und Menschengeschicke. Lerne ich in der Fremde Neues kennen, eine Gasse, ein Tor, einen Garten, einen alten Mann, eine Familie, so wird das Neue mir erst in dem Augenblick wirklich und voll lebendig, wo irgendetwas an ihm mich, sei es noch so leise und hauchdünn, an das Dort und Damals erinnert.

Die Häuserreihe der Bischofstraße
mit Weinsteg
und dem Vischerschen Haus

Auf den Steg setzte sich Knulp, ließ die Sohlen knapp über dem still und rasch fließenden Wasser hängen, blickte belustigt den schnellen, dunklen Fischen nach, die unter ihm weg ihren Lauf hatten, und fing dann an, die Gegend neugierig zu studieren, denn er suchte eine Gelegenheit, mit der kleinen Dienstmagd von drüben zu sprechen.
Die Gärten stießen aneinander, durch einen schlecht erhaltenen Lattenzaun getrennt, und unten am Wasser, wo die Zaunpfähle längst vermodert und verschwunden waren, konnte man ungehindert vom einen Grundstück auf das andere hinübergehen. Der Nachbarsgarten schien mit mehr Sorgfalt gepflegt zu werden als der wüste Grasplatz des Weißgerbers. Man sah dort vier Reihen von Beeten liegen, vergrast und eingesunken, wie sie nach dem Winter sind. Ackerlattich und überwinterter Spinat wuchs spärlich in zwei Rabatten, Rosenbäumchen standen zur Erde gebogen mit eingegrabenen Kronen. Weiterhin standen, das Haus verbergend, ein paar hübsche Fichtenbäume.
Er machte kleine Kugeln aus einem Stückchen Brot, das er bei Tische zu sich gesteckt hatte. Die Brotkugeln ließ er sachte ins Wasser fallen, eine nach der andern, und schaute nachdenklich zu, wie sie untersanken, ein wenig von der Strömung abgetrieben, und wie sie unten auf dem dunklen Grunde von den stillen gespenstischen Fischen aufgeschnappt wurden.

Das Andreähaus über der Nagold,
früher das »Neue Kaufhaus
der Calwer Zeughandels-Compagnie«

Einmal eine Heimat gehabt zu haben! Einmal an einem kleinen Ort der Erde alle Häuser und ihre Fenster und alle Leute dahinter gekannt zu haben! Einmal an einem bestimmten Ort dieser Erde gebunden gewesen zu sein, wie der Baum mit Wurzeln und Leben an seinen Ort gebunden ist.
Wenn ich ein Baum wäre, stünde ich noch dort. So aber kann ich nicht wünschen, das Gewesene zu erneuern. Ich tue das in meinem Träumen und Dichten zuweilen, ohne es in der Wirklichkeit tun zu wollen.

Mir ist Calw in Gedanken immer die Heimat geblieben, obwohl ich selten mehr hinkam und dort Wenige mehr kenne. Die Bubennachmittage auf der Badwiese und im Wald, die Tage auf der Brücke beim Angeln, die Praktikantenzeit im blauen Schlosserkittel, das halte ich alles im Gedächtnis heilig und lasse keinen Staub drauf kommen.

In der unteren Lederstraße

SCHNAUFER
WMF

Um uns her war die kleine Stadt, alt und bucklig, und um sie her die waldigen Berge, streng und etwas finster, und mitten durch floß ein schöner Fluß, gekrümmt und zögernd, und dies alles liebte ich und nannte es Heimat ...

Hier war es wie vor zehn und wie vor zwanzig Jahren, hier liefen die Tage und Wochen in einem heiter stillen, gleichen Takt dahin. Und ich, der ich fremd geworden und an ein unstetes und vielfältiges Erleben gewöhnt war, paßte nun wieder da hinein, als wäre ich nie fort gewesen, nahm Interesse an Menschen und Sachen, die ich jahrelang durchaus vergessen gehabt hatte, und vermißte nichts von dem, was die Fremde mir gewesen war.

Er wußte nicht genau, wieviel Gerbersauer Philistertum in ihm selber stecke, doch wußte er wohl, daß seine unerbittliche und liebevolle Kenntnis des hiesigen Lebens gerade das war, was ihn von den Mitbürgern schied und ihnen fremd machte. Um es kurz zu sagen: sein ganzes Tun hier war Selbstbeobachtung und Selbstironie, und wenn er den alten Herrn Tapezierer Linkenheil oder den jungen Friseur Wackenhut karikierte, so schnitt er mit jedem Striche weit mehr ins eigene Fleisch als in das des Gezeichneten.
Dieser junge Mann, der träg auf seiner Matte lag und das schöne, heitere Flußtal betrachtete, war dieses Genusses gar nicht wert, und doch war er leider der einzige Gerbersauer, der dieses selben Genusses wirklich fähig war.

Kronengasse

Davor auf dem Marktplatz, der groß und sauber gepflastert war, spiegelten sich die bescheidenen, aus Fachwerk oder auch ganz aus Holz gebauten Bürgerhäuser mit spitzigen Giebeln in der gewaltigen steinernen Schale des Marktbrunnens.

Er betrachtete das alte Nest mit Aufmerksamkeit, ohne es mit Begrüßungen und Fragen und Auftritten des Wiedererkennens eilig zu haben. Zunächst wandelte er durch die etwas veränderte Bahnhofstraße dem Flusse zu, auf dessen grünem Spiegel wie sonst die Gänse schwammen und dem wie ehemals die Häuser ihre ungepflegten Rückseiten und winzigen Hintergärtchen zukehrten ... Dann wandte er sich ab und weiter, um den Marktplatz zu besuchen, den er im alten Zustande fand, nur schien er kleiner geworden, und auch das stattliche Rathaus war weniger ansehnlich, als er es in der Erinnerung getragen hatte.

Fachwerkgiebel am Marktplatz

Jenseits der Brücke begegnete mir der erste Bekannte, ein Schulkamerad von mir, der Gerber geworden war. Er trug eine leuchtend orangegelbe Schürze und sah mich ungewiß und suchend an, ohne mich recht zu erkennen. Ich nickte ihm vergnügt zu und schlenderte weiter, während er mir nachschaute und sich noch immer besann ... Dann kam der Marktplatz mit seinem großen Brunnen und mit der heimeligen Rathaushalle. Dort war der Laden des Buchhändlers, und obwohl der alte Herr mich vor Jahren in übeln Ruf gebracht, weil ich Heines Werke bei ihm bestellt hatte, ging ich doch hinein und kaufte einen Bleistift und eine Ansichtspostkarte.

Die Torbögen der Rathaushalle

In Sprüngen nahm ich die beiden Treppen mit den tief ausgetretenen fichtenen Stufen, hörte aus einem der anderen Schulräume die eintönige, diktierende Stimme eines Lehrers schallen, sprang durchs Tor und die flachen Sandsteinstufen hinab und schlenderte dankbar und glücklich in den hübschen Morgen hinein, der eben noch so ermüdend lang und leer geschienen hatte. Hier draußen war er es nicht, hier war weder von der Öde noch von den geheimen Spannungen etwas zu spüren, die im Klassenzimmer den Stunden das Leben aussog und sie so erstaunlich in die Länge zog. Hier wehte Wind und flogen eilige Wolkenschatten über das Pflaster des breiten Marktplatzes, Taubenschwärme erschreckten kleine Hunde und brachten sie zum Bellen, Pferde standen vor Bauernwagen gespannt, hatten eine hölzerne Krippe vor sich stehen und fraßen Heu, die Handwerker waren an der Arbeit oder unterhielten sich durch ihre niedrig gelegenen Werkstättenfenster mit der Nachbarschaft. Im kleinen Schaufenster der Eisenhandlung lag immer noch die derbe Pistole mit dem blaustählernen Lauf, die zweieinhalb Mark kosten sollte und mir seit Wochen in die Augen stach. Verlockend und schön war auch die Obstbude der Frau Haas auf dem Markt und der winzige Spielzeugladen des Herrn Jenisch, und nebenan blickte aus dem offenen Werkstattfenster das weißbärtige und rotleuchtende Gesicht des Kupferschmiedes, wetteifernd an Glanz und Röte mit dem blanken Metall des Kessels, an dem er hämmerte.

Rektoratsgebäude
der alten Lateinschule

Das weiße Sträßlein glänzt im Lichte und hebt sich schön langsam bergan, schickt jedem Bauernwagen oder Landauer oder Postkarren ein dünnes Stäublein nach und schaut über eine schiefe, von Baumkronen da und dort unterbrochene Flucht von schwärzlichen Dächern hinweg gerade ins Herz der Stadt, auf den Marktplatz, der von hier aus gesehen freilich an Stattlichkeit stark verliert und nur als ein sonderbar verschobenes Viereck mit krummen Häusern und herausspringenden Vortreppen und Kellerhälsen erscheint.

Aufatmend sah er von der letzten Höhe auf die Stadt zurück, wie sie klein und gedrückt in ihrem engen Kessel lag, und er wußte wie jedesmal: ob seine Flucht ihn bis in ferne Länder oder nur bis zum nächsten Hügelzug führen werde, ob sie Tage oder Wochen dauerte, er würde doch wieder heimkehren, in Gerbersau leben und alle Kraft seines armen und unzufriedenen Lebens daran setzen, diese wunderliche Stadt und ihre Bürger abzuzeichnen ... Er wußte genau, daß Behagen und Gleichberechtigung für ihn hier in der Bürgerschaft niemals zu finden waren, daß seine Freuden und Gedanken niemand verstand und daß man seine Karikaturen für die Missetaten des Vogels ansah, der sein eigenes Nest beschmutzt. Dennoch kehrte er, sooft er es eine Zeitlang mit dem Leben anderwärts versucht hatte, immer wieder nach Gerbersau zurück.

Fachwerkhäuser in der Salzgasse
(Hirschengasse in Hesses Erzählung »Die Verlobung«)

Er lehnte sich an den Prellstein und verfolgte die Tätigkeit des Schlossers mit großer Aufmerksamkeit. Dieser hatte nun seine Leiter aufgerichtet und gesichert, stieg hinauf und begann über der Haustüre am Mörtel herumzukratzen, um das alte Wirtsschild hinwegzunehmen. Seine Bemühungen erfüllten den Exfabrikanten mit Spannung und auch mit Wehmut, indem er der vielen unter diesem Wahrzeichen genossenen Schoppen und Schnäpse und der früheren Zeiten überhaupt gedachte. Es bereitete ihm keine kleine Freude, daß der schmiedeeiserne Schildarm so fest in der Wand saß und daß der Schlossergesell sich so damit abmühen mußte, ihn herunterzubringen. Es war doch unter dem armen alten Schilde oft heillos munter zugegangen! Als der Schlosser zu fluchen begann, schmunzelte der Alte, und als jener wieder daran zog und bog und wand und zerrte, in Schweiß geriet und fast von der Leiter stürzte, empfand der Zuschauer eine nicht geringe Genugtuung.

Wirtshausschild »Hirsch«

Ludwig Schöning
19
16

Das ist mir der liebste Platz im Städtchen, der Domplatz von Florenz ist mir nichts dagegen ...
Wenn ich nun von der schönen steinernen Brücke aus dem Fluß nachblicke, hinab und hinauf, dann sehe ich Häuser, von denen ich nicht weiß, wer in ihnen wohnt. Und wenn aus einem der Häuser ein hübsches Mädchen blickt (die es in Calw stets gegeben hat), dann weiß ich nicht, wie sie heißt ...
Aber wenn ich jetzt (wie es bis zum Krieg alle paar Jahre einmal geschah) wieder eine Viertelstunde auf der Brükkenbrüstung sitze, über die ich als Knabe tausendmal meine Angelschnur hinabhängen hatte, dann fühle ich tief und mit einer wunderlichen Ergriffenheit, wie schön und merkwürdig dies Erlebnis für mich war.

Noch sah ich die unvermeidlichen Veränderungen, Neubauten und Vorstadtstraßen nicht, alles sah aus wie vorzeiten, und mich überfiel beim Anblick die Erinnerung wie ein heißer Südsturm. Unter diesen Türmen und Dächern hatte ich die märchenhafte Jugendzeit gelebt, sehnsuchtsvolle Tage und Nächte, wunderbare schwermütige Frühlinge und lange, in der schlecht geheizten Mansarde verträumte Winter. In diesen Gartensträßchen war ich nachts in Liebeszeiten brennend und verzweifelnd umhergewandert, den heißen Kopf voll von abenteuerlichen Plänen. Und hier war ich glücklich gewesen über den Gruß eines Mädchens und über die ersten schüchternen Gespräche und Küsse unserer Liebe.

Auf der Brück', Treffpunkt der Jugend

So brauchen wir im Reich unsrer tausend Erinnerungen nur den Namen ... eines Nachbarn ... oder den einer Gasse, eines Baches, eines Wäldchens zu nennen, so stehen die Bilder unzerstört da und strahlen die Ruhe, Schönheit und existentielle Kraft aus, die den zerfaserten und durcheinandergerüttelten Bildern unsres spätern Lebens nicht mehr zukommt.

Wir Älteren sind der Meinung, wir hätten vor vierzig bis fünfzig Jahren noch etwas eingeatmet, etwas gekostet und miterlebt, was seither vollends aus der vervollkommneten Welt entschwunden ist: den Rest einer Unschuld, den Rest einer Harmlosigkeit und Ländlichkeit, welche damals noch da und dort mitten in Deutschland anzutreffen war, während sie heute auch in Polynesien vergebens gesucht wird. Darum erinnern wir uns gern der Kindheit und genießen froh, dumm und egoistisch das Recht unseres Alters, die vergangenen Zeiten auf Kosten der heutigen zu loben.

Winterliches Spesshardt

Da war eine Gasse in einem Städtlein, ähnlich wie bei mir daheim, alle Häuser streckten die Giebel auf die Gassenseite, aber sie waren höher, als man sie sonst sieht. Da ging ich hindurch, und es war, wie wenn ich nach einer langen, langen Zeit endlich wieder heimkehrte; aber ich hatte nur eine halbe Freude, denn es war nicht alles in Ordnung, und ich wußte nicht ganz sicher, ob ich nicht doch am falschen Ort und gar nicht in der Heimat sei. Manche Ecke war ganz, wie es sein sollte, und ich kannte sie sofort wieder, aber viele Häuser waren fremd und ungewohnt ...
So war es auch mit den Leuten. Manche, die ich von weitem sah, waren mir ganz wohlbekannt, ich wußte ihre Namen und hatte sie schon im Mund, um sie damit anzurufen. Aber die einen gingen vorher in ein Haus oder in eine Seitengasse und waren fort, und wenn einer näherkam und an mir vorbeiging, verwandelte er sich und wurde fremd; aber wenn er vorüber und wieder weiter weg war, meinte ich im Nachsehen, er sei es doch und ich müsse ihn kennen. Ich sah auch ein paar Weiber vor einem Laden beieinander stehen, und eine davon, schien mir's, war sogar meine verstorbene Tante ... Die Giebel waren nicht mehr so hoch und hatten die alten Farben, die Leute waren es wirklich und schauten mich froh und verwundert an, wenn sie mich wieder kannten, auch riefen manche mich mit meinem Namen an. Aber ich konnte keine Antwort geben und auch nicht stehenbleiben. Statt dessen lief ich mit aller Macht den wohlbekannten Weg über die Brücke und vor die Stadt hinaus und sah alles nur aus nassen Augen vor Herzweh. Ich wußte nicht warum, mir schien nur, es sei hier für mich alles verloren und ich müsse in Schande fortlaufen ... Aber ich konnte nicht umkehren und alles gutmachen, denn der Traum war aus, und ich wurde wach.

Blick vom Fenster des »Salzkastens«
gegen den Marktplatz

ALBER

Es war Morgen, durchs hohe Fenster sah ich über dem langen Dachrücken des Nachbarhauses den Himmel heiter in reinem Hellblau stehen, auch er schien voll Glück, als habe er Besonderes vor und habe dazu sein hübschestes Kleid angezogen. Mehr war von meinem Bette aus von der Welt nicht zu sehen, nur eben dieser schöne Himmel und das lange Stück Dach vom Nachbarhause, aber auch dies Dach, dies langweilige und öde Dach aus dunkel rotbraunen Ziegeln schien zu lachen, es ging über eine steile schattige Schrägwand ein leises Spiel von Farben, und die einzelne bläuliche Glaspfanne zwischen den roten tönernen schien lebendig und schien freudig bemüht, etwas von diesem so leise und stetig strahlenden Frühhimmel zu spiegeln. Der Himmel, die etwas rauhe Kante des Dachrückens, das uniformierte Heer der braunen und das luftig dünne Blau des einzigen Glasziegels schienen auf eine schöne und erfreuliche Weise miteinander einverstanden, sie hatten sichtlich nichts andres im Sinn, als in dieser besonderen Morgenstunde einander anzulachen und es gut miteinander zu meinen. Himmelblau, Ziegelbraun und Glasblau hatten einen Sinn, sie gehörten zusammen, sie spielten miteinander, es war ihnen wohl, und es war gut und tat wohl, sie zu sehen, ihrem Spiel beizuwohnen, sich vom selben Morgenglanz und Wohlgefühl durchflossen zu fühlen wie sie.

Das »Sachseneck«

WEISS

Jetzt habe ich hie und da eine Nacht Heimweh nach Calw. Wohnte ich aber dort, so hätte ich jede Stunde des Tags und der Nacht Heimweh nach der schönen alten Zeit, die vor dreißig Jahren war und die längst unter den Bogen der alten Brücke hinweggeronnen ist. Das wäre nicht gut. Schritte, die man getan hat, und Tode, die man gestorben ist, soll man nicht bereuen.
Man darf nur zuweilen einen Blick dort hinein tun, durch die Ledergasse schlendern, eine Viertelstunde auf der Brücke stehen, sei es auch nur im Traum, und auch das nicht allzu oft.

Hier hatte Knulp seine besten Tage gehabt, noch ehe er sich aus der Lateinschule hatte wegjagen lassen, hier hatte er einst ein volles Glück, Erfüllungen ohne Rest, Seligkeiten ohne Bitternisse gekostet, diebesselige Kirschensommer, versunkenes flüchtiges Gärtnerglück im Belauschen und Pflegen seiner Blumen: geliebter Goldlack, lustige Winde, zärtlich samtenes Stiefmütterchen und Kaninchenställe und Werkstatt und Drachenbau, Wasserleitungen aus dem Markrohr des Holunders und Mühlräder aus Fadenrollen mit Schaufeln aus Schindelstücken. Kein Dach, dessen Katzen er nicht gekannt, kein Garten, dessen Früchte er nicht versucht, kein Baum, den er nicht bestiegen, in dessen Krone er nicht ein grünes Traumnest besessen hatte. Dieses Stück Welt hatte ihm gehört, war von ihm in tiefster Vertrautheit gekannt und geliebt worden; hier hatte jeder Strauch und jeder Gartenhang Bedeutung, Sinn, Geschichten für ihn gehabt, jeder Regen- und Schneefall zu ihm gesprochen, hier hatte Luft und Erde in seinen Träumen und Wünschen gelebt, sie erwidert und ihr Leben mitgeatmet.

Die dreibogige Nikolausbrücke
mit Kapelle,
um 1400 n. Chr. erbaut

Er trat durch das Türlein in den Turm, wo es kalt und dämmrig war und ihn die herabhängenden Glockenseile an den Schultern rieben. Eine hölzerne Stiege führte, rings im Viereck herum, in vielen schwebenden Stockwerken nach oben ... Da stand er zwischen den Glocken und schaute durch eine hohe Bogengalerie in einen unermeßlichen Himmelsraum ... Drunten aber lag die Stadt gebreitet wie eine Zeichnung, ordentlich und dabei doch abenteuerlich mit der rotbraunen, verwirrten Dächerschar. Der Ankömmling brauchte eine Weile, bis er sich nach mancher Täuschung zurechtfand. Dann aber paßte alles ineinander, er fand die bekannten Straßenzüge und den Marktplatz dicht zu seinen Füßen. Was ihn am meisten erfreute, das war der Anblick zahlreicher kleiner Gärten, die als sanfte grüne Inseln in der steinernen Wirrsal ruhten... freundlich wie kleine Absteigquartiere für den Frühling und alle Jahreszeiten, die sonst in den Städten rechtlos und ohne Heimat wären.

Blick auf den Marktplatz
von der Kirchturmgalerie

Paul Rauchle

Als die Namen der Städte heimatlicher zu tönen begannen und als die Mundart der Mitreisenden immer deutlicher nach Gerbersau hinwies, ergriff den Weltreisenden eine starke Unruhe, bis er, über sich selber verwundert, beinahe mit Herzklopfen die Stationen ausrufen hörte und in den Gesichtern der Einsteigenden lauter wohlbekannte und fast verwandtschaftlich anmutende Züge fand. Und endlich fuhr der Zug die letzte steile Strecke in langen Windungen talabwärts, und unten lag zuerst klein und von Windung zu Windung größer und näher und wirklicher das Städtlein am Fluß, zu Füßen der Tannenwaldberge. Dem Reisenden lag ein starker Druck auf dem Herzen.

Die Stadt, von der Höhe
des Welzbergs gesehen

Und so ging ich die Gasse zurück und über die untere Brücke, sah unterwegs durch eine Gartenlücke unsern roten sandsteinernen Kirchturm wohlerhalten stehen ... Weiter drüben stand einsam ein altes Wirtshaus, dessen Dach ich von weitem erkannte. Es stand wie sonst, sah aber doch sonderbar verändert aus, ich wußte nicht gleich warum. Erst als ich mir Mühe gab, mich genau zu besinnen, fiel mir ein, daß vor dem Wirtshaus immer zwei hohe Pappeln gestanden waren. Diese Pappeln waren nicht mehr da. Ein uralt vertrauter Anblick war zerstört, eine liebe Stelle geschändet.
Da stieg mir eine böse Ahnung auf, es möchte noch mehr und noch Edleres verdorben sein.

Am Schloßberg

Auch der Brühel ... und die untere Brücke lagen jetzt wieder in ihrer Stille, die Kastanien, schon zum Blühen gerüstet, hatten ihr Vogelleben in den Ästen.

Ich blieb eine gute Weile auf der alten Brücke stehen. Auf die Brüstung gestützt blickte ich ins still ziehende Wasser hinab und beobachtete ein paar kleine Barsche, die ganz tief, nah am Boden, scheinbar schlafend und regungslos am selben Fleck verweilten, in Wirklichkeit aber unmerklich die Plätze miteinander tauschten ... Über das nahe Wehr rann mit sanftem helltönigem Rauschen das Wasser, weiter unten auf der Insel lärmten in Scharen die Enten, auf diese Entfernung tönte auch ihr Geschwader und Gequake sanft und eintönig und hatte gleich dem Strömen des Flusses übers Wehr jenen zauberischen Klang von Ewigkeit, in den man versinken und von dem man sich einschläfern und zudecken lassen konnte wie vom nächtlichen Sommerregenrauschen oder vom leisen dichten Sinken des Schneefalles. Ich stand und schaute, stand und lauschte, zum erstenmal an diesem Tage war ich für eine kleine Weile wieder in jener holden Ewigkeit, in der man von Zeit nichts weiß.
Schläge der Kirchenuhr weckten mich.

Die alte Brücke am Brühl

In der Gerbergasse wohnten Haus an Haus lauter gute, solide Altbürger, Leute mit eigenen Häusern, eigenen Kirchplätzen und eigenen Gärten, die sich hinterwärts in Terrassen steil bergan zogen ... Amtshäuser hatte nun zwar die Gerbergasse keine, aber alte und neue Bürgerwohnungen mit stattlichen Haustüren, hübsche altmodische Fachwerkhäuschen, nette helle Giebel; und es verlieh ihr eine Fülle von Freundlichkeit, Behagen und Licht, daß sie nur eine Häuserreihe besaß, denn jenseits der Straße lief ... der Fluß dahin.

Viele Welten, viele Teile der Erde streckten Arme und Strahlen aus und trafen und kreuzten sich in unserem Hause. Und das Haus war groß und alt, mit vielen, zum Teil leeren Räumen, mit Kellern und großen hallenden Korridoren, die nach Stein und Kühle dufteten, und unendlichen Dachböden voll Holz und Obst und Zugwind und dunkler Leere. Viele Welten kreuzten ihre Strahlen in diesem Hause. Hier wurde gebetet und in der Bibel gelesen, hier wurde studiert und indische Philologie getrieben, hier wurde viel gute Musik gemacht, hier wußte man von Buddha und Lao Tse, Gäste kamen aus vielen Ländern, den Hauch von Fremde und Ausland an den Kleidern, mit absonderlichen Koffern aus Leder und aus Bastgeflecht und dem Klang fremder Sprachen, Arme wurden hier gespeist und Feste gefeiert, Wissenschaft und Märchen wohnten nah beisammen.

Bischofstraße (Hesses Gerbergasse)
mit »Steinhaus«, Wohnhaus
der Familie Friedrich Gundert (ganz links)

An Vornehmheit konnte mit der Gerbergasse nur noch der Marktplatz wetteifern, wo Kirche, Oberamt, Gericht, Rathaus und Dekanat standen und in ihrer reinlichen Würde durchaus einen städtisch noblen Eindruck machten.

Das Vischersche Haus. Heute Heimatmuseum
und Hermann Hesse-Gedenkstätte.
Geburtshaus von Emilie Vischer,
der Frau Ludwig Uhlands,
erbaut von Reinhard Fischer 1787–1791

Er hatte ein Zimmer bei einer frommen Familie in der »Insel« gemietet, einem ärmlichen und etwas finstern Fabrikviertel ... Eines Nachts nun ... brach in der »Insel« ein Brand aus, der in dem alten engen Häusergewinkel furchtbar wütete. Es brannten außer Fabrikgebäuden auch mehrere Wohnhäuser nieder, und sechs Familien wurden obdachlos... Mein Vater ging, als der Brand größer und größer wurde, spät in der Nacht noch aus, um nach Herrn Claassen zu sehen, er war in Sorge um ihn, und in Sorge war er auch um ein sehr seltenes und wertvolles Buch, das bei Herrn Claassen lag und ihm bei seiner Arbeit diente, es war ein schwerer Foliant aus dem sechzehnten Jahrhundert, in Holz und Schweinsleder gebunden, den Claassen aus einer Universitätsbibliothek entlehnt und für den mein Vater sich verbürgt hatte. Siehe, da traf er den Gesuchten unterwegs auf der Gasse. Herr Claassen trug einen schwarzen Mantel und den feierlichen Hut, langsam und aufrecht kam er daher, und vor sich her schob er einen kleinen Schubkarren, den er entlehnt hatte und auf dem das riesige Buch lag – das einzige, was er aus seiner Stube und dem Brande hatte retten können. Es war ihm alles verbrannt. Mit dieser Geschichte war Herr Claassen aufs neue ein Held und interessanter Mann für uns geworden.

Die Inselgasse, einst

Und wir stiegen zu dritt die Treppe hinunter, ich machte eifrig das schwere Haustor auf und wir traten in die laue Dämmerung hinaus und gingen langsam durch die Stadt, über Brücke und Marktplatz und in die steile Vorstadt hinauf.

Wie ich schon als Kind den Basler Rhein und die schwäbische Nagold liebte, schwarzwälder und schweizer Mundart erlernte und sprach, so fühle ich mich auch heute noch in allen »alemannischen« Landen zu Hause. Wohl hatte ich sehr oft im Leben einen starken Reisetrieb, stets dem Süden und der Sonne nach. Heimisch gefühlt aber habe ich mich ... immer nur da, wo Luft und Land, Sprache und Menschenart alemannisch war. Bauernhäuser mit rot gestrichenem Fachwerk, alte Städte mit Brücken, blaue Abendberge mit Obstland und Fruchtbarkeit ... das und noch viel anderes spricht zu mir heimatlich und vertrauensvoll, das lebt in mir, dahin gehöre ich... Das alemannische Land hat vielerlei Täler, Ecken und Winkel. Aber jedes alemannische Tal, auch das engste, hat seine Öffnung nach der Welt, und alle diese Öffnungen und Ausgänge zielen nach dem großen Strom, dem Rhein, in den alles alemannische Wasser rinnt. Und mit dem Rhein hängt es von alters her mit der großen Welt zusammen.

In der Vorstadt – Burgsteige

Vor diesem Stockwerk hing auf der Rückseite des Hauses, der Bachschlucht zugewandt, eine schmale Laube, zwischen Wohnung und Dach lag der Dachboden, hier wurde das Brennholz aufbewahrt und die Wäsche zum Trocknen gehängt.

Wir gingen den schmalen Steig zwischen den Gartenzäunen ... man mußte aufpassen, da es viele baufällige Knüppelstufen und heraushängende morsche Zaunlatten gab.

Hausgarten in der Vorstadt

Die kleine Werkstätte hing wie ein Vogelnest in den Lüften überm Bodenlosen, denn das Haus stand an der Talseite, und wenn man durch die Fenster senkrecht hinabschaute, hatte man nicht nur die drei Stockwerke unter sich, sondern unterm Hause floh der Berg mit kümmerlichen steilen Gärten und Grashalden schwindelnd abwärts, endigend in einem grauen Wirrwarr von Hinterhausvorsprüngen, Hühnerhöfen, Ziegen- und Kaninchenställen, und die nächsten Hausdächer, auf die man hinabsah, lagen ... schon tief und klein im Tale drunten. Dafür war die Schneiderwerkstatt taghell und luftig, und auf seinem breiten Tisch am Fenster hockte der fleißige Schlotterbeck hell und hoch über der Welt wie der Wächter in einem Leuchtturm.

Der »Lange« im Zwinger

Das Nochvorhandensein dieser ganzen Welt, des Flusses und des Rathaustürmchens, der Gassen und Gärten bedrückte ihn mit einer Art von Tadel, daß er das alles so lang vernachlässigt und vergessen und aus dem Herzen verloren hatte.

Die Stadt Calw liegt im schwäbischen Schwarzwald ... und nährt sich seit alten Zeiten hauptsächlich von einem stark betriebenen Webereigewerbe. Daneben halten sich eine Anzahl von Kaufleuten, Handwerkern, Müllern und Holzhändlern, je nach dem Stand der Zeiten besser oder schlechter über Wasser... Die schönen, alten Bürgerhäuser kann man an den Fingern einer Hand abzählen ... nur die steinerne alte Nagoldbrücke mit der gotischen Brückenkapelle erinnert daran, daß das bescheidene, fleißige Nest mehr als nur zwei Jahrhunderte alt ist. Was ich Rühmliches und Herzliches von unserem Städtchen zu sagen habe, das gehört alles in den Kreis meiner Knabenerinnerungen.

Glitzernde Firste
um das Rathaustürmchen

Die helle, beinahe sommerliche Sonne schien klar und weiß auf den Marktplatz und auf die Häuser, auf die Brunnen und Bänke, und malte treulich neben jeden Fensterladen, neben jede Vortreppe, jedes Scharreisen einen kleinen Schatten.

Mein Geburtshaus steht am Markt, und das eigentliche Haus meiner Kindheit an der oberen Bischofstraße . . . ist durch Einbauten verdorben.

Unterer Marktplatz,
links Hesses Geburtshaus

Dresdner Bank

Vor dreißig Jahren, da saß hinter allen diesen vielen Fenstern kein Mädchen und kein Mann, keine alte Frau, kein Hund und keine Katze, die ich nicht gekannt hätte. Über die Brücke lief kein Wagen und trabte kein Gaul, von dem ich nicht wußte, wem er gehöre. Und so kannte ich alles, die vielen Schulbuben und ihre Spiele und Spottnamen, die Bäckerläden und ihre Ware, die Metzger und ihre Hunde, die Bäume und die Maikäfer und Vögel und Nester darauf, die Stachelbeersorten in den Gärten.
Daher hat die Stadt Calw diese merkwürdige Schönheit. Zu beschreiben brauche ich sie nicht, das steht fast in allen Büchern, die ich geschrieben habe. Ich hätte sie nicht zu schreiben brauchen, wenn ich in diesem schönen Calw sitzen geblieben wäre. Das war mir nicht bestimmt.

Ich liebe Calw und trage ein Bild von der Heimat in mir, von dem die meisten Calwer keine Ahnung haben.

In der Biergasse

3,5t
Anlieger
frei

Langsam schlenderte er... durch die Marktgasse und an der Messerschmiede vorbei zur alten Brücke.

Er schritt durch Straßen und über Plätze, an Häusern, Mauern, Gärten und sanftfließenden Brunnen vorbei, ins Feld vor die Stadt hinaus und wieder in die Stadt hinein, unter den Rathausbogen hindurch und am oberen Marktplatz hin, aber alles war verwandelt und ein unbekanntes Fabelland geworden. Er hatte ein Mädchen lieb, und er hatte es ihr gesagt, und sie war gütig gegen ihn gewesen und hatte »auf Wiedersehen« zu ihm gesagt!

Von der Marktstraße
zum Hermann-Hesse-Platz

ETRA
ODEN
ARBEITS STUBE

Seit zwei Wochen stand ein heißer, blauer Himmel über dem Land, am Morgen rein und lachend, am Nachmittag stets von niederen, langsam wachsenden, gedrängten Wolkenballen umlagert. Nachts gingen nah und fern Gewitter nieder, aber jeden Morgen, wenn man – noch den Donner im Ohr – erwachte, glänzte die Höhe blau und sonnig herab und war schon wieder ganz von Licht und Hitze durchtränkt. Dann begann ich froh und ohne Hast meine Art von Sommerleben: kurze Gänge auf glühenden und durstig klaffenden Feldwegen durch warm atmende, hohe gilbende Ährenfelder, aus denen Mohn und Kornblumen, Wicken, Kornraden und Winden lachten, sodann lange, stundenlange Rasten im hohen Gras an Waldsäumen, über mir Käfergoldgeflimmer, Bienengesang, windstill ruhendes Gezweige im tiefen Himmel . . .

Sommerhimmel über Heumaden

Innen unter den Tannen stand ernst und schön und fremdartig der hohe, steile rote Fingerhut mit den silberwolligen breiten Wurzelblättern, dem starken Stengel und den hoch aufgereihten, schönroten Kelchblüten.

Mir schien, ich hätte jahrelang gar keine Feldblumen mehr gesehen. Denn diese sehen gar anders aus, wenn man sie im Dahinwandern mit malerischem Wohlgefallen als Farbeninseln im grünen Erdreich betrachtet, als wenn man kniend und gebückt sie einzeln sieht und die schönsten zum Pflücken aussucht. Ich entdeckte kleine verborgene Pflanzen, deren Blüten mich an Ausflüge in der Schulzeit erinnerten, und andere, die meine Mutter besonders gern gehabt oder mit besonderen, von ihr selbst erfundenen Namen bedacht hatte. Die gab es alle noch, und mit jeder von ihnen ging mir eine Erinnerung auf, und aus jedem blauen oder gelben Kelche schaute meine freudige Kindheit mir ungewohnt lieb und nahe in die Augen.

Roter Fingerhut

Einmal, auf dem Marktplatz, lief der kleine Mann vor mir her und ich ihm nach, und er lief auf den riesigen Marktbrunnen zu, in dessen mehr als mannstiefes Steinbecken die vier Wasserstrahlen sprangen, turnte an der Steinwand empor bis zur Brüstung, und ich ihm nach, und als er von da mit einem hurtigen Schwung hinein ins tiefe Wasser sprang, sprang auch ich, es gab keine Wahl, und wäre ums Haar ertrunken. Ich ertrank aber nicht, sondern wurde herausgezogen, und zwar von einer jungen hübschen Nachbarsfrau, die ich bis dahin kaum gekannt hatte, und zu der ich nun in ein schönes Freundschafts- und Neckverhältnis kam, das mich lange Zeit beglückte.

Das schöne alte Calw ist für mich nach wie vor die Heimat geblieben, obwohl ich sowohl durch meine Art von Weltbürgertum wie durch meine Einbürgerung in der Schweiz ihr scheinbar fern gerückt bin. Heimat ist für mich nie ein politischer Begriff gewesen, sondern ein rein menschlicher. Wo wir Kinder gewesen sind und die ersten Bilder von Welt und Leben empfangen haben, wo wir sehen, sprechen und denken gelernt haben, das ist unsre Heimat, und ich habe die meine stets in Dankbarkeit geliebt.

Plätscherei am oberen Marktbrunnen

P

Der Schlosser Mohr ... wohnte am Eingang der Badgasse in einem alten, merkwürdigen und etwas finsteren Hause, zu dem ein steiler, gepflasterter Aufstieg und dann noch einige Stufen aus rotem Sandstein hinanführten.

Es schien mir in manchem Augenblick, als sei tatsächlich und »objektiv« von uns bald nach 1870 Geborenen etwas erlebt worden, was nicht mehr vorhanden ist ... Ich habe etwas zu schildern versucht, was ich gesehen und erlebt habe und was mir des Festhaltens wert schien: das innere Bild einer kleinen schwäbischen Stadt um 1880–90, in der nichts Großes geschah und geleistet wurde, in der aber trotz allen Krämer- und Philistertums eine seelische Einheit des Volkes, eine Sättigung mit vielhundertjähriger Tradition des Denkens und der Phantasie lebendig war. Es war das Deutschland der Gründerzeit und der beginnenden »wilhelminischen« Epoche, und eine Menge der damaligen Begriffe und Symbole sind heute verschwunden. Es war aber auch das Schwaben einer alten, ebenso ehrwürdigen wie wunderlichen Kultur, es war ein Volksleben, unter dessen Oberfläche ein heiliger Mythos in reich verschnörkelten Erinnerungen und Traumbildern noch lebendig spielte.

Dunkler Winkel
am Beginn der Badstraße

Meine beiden Fenster gingen auf den dunklen, stillen Hof, von dem eine Steintreppe bergauf in den Garten führte. Dort droben sah ich die Tannen schwarz am Himmel stehen und darüber Sterne schimmern.

Im steil ansteigenden Garten des »Steinhauses«

Mein erster Gang war über die alte steinerne Brücke, das älteste Bauwerk des Städtleins. Ich betrachtete die kleine gotische Brückenkapelle, an der ich früher tausendmal vorbeigelaufen war, dann lehnte ich mich auf die Brüstung und schaute den grünen, raschen Fluß hinauf und hinab. Die behagliche alte Mühle, an deren Giebelwand ein weißes Rad gemalt gewesen war, die war verschwunden, und an ihrem Platze stand ein neuer großer Bau aus Backsteinen, im übrigen war nichts verändert, und wie früher trieben sich unzählige Gänse und Enten auf dem Wasser und an den Ufern herum.

Das stundenlange Stehen auf dieser Brücke mit meiner Angel, den Fluß, die Fische, die Nachbarschaft, den Verkehr auf der Brücke beobachtend, war eins der besten Erziehungsmittel für meinen Beruf, weiß Gott, wer es mir eingegeben hat.

Das nahe Rauschen der Mühlenwehre, das tiefe, ruhige Wasser! Und das Lichterspiel auf dem Fluß, das sanfte Schwanken der langen Angelrute, die Aufregung beim Anbeißen und Ziehen und die Freude, wenn man einen kühlen, feisten, schwänzelnden Fisch in der Hand hielt! Er hatte doch manchen saftigen Karpfen herausgezogen, und Weißfische und Barben, auch von den delikaten Schleien und von den kleinen, seltenen, schönfarbigen Ellritzen.

Nikolaus-Kapelle
vom Hof der Weißgerberei
in der Badstraße

Die Testolinis waren eine komplizierte Familiengemeinschaft in einer traurigen Armutgegend und bewohnten mit mehreren Familien welschen Namens zusammen in einer unzählbaren Schar ein altes, elendes Häuschen an der Insel. Hans erinnerte sich aus seinen Knabenjahren, daß es dort von kleinen Kindern gewimmelt hatte, die an Neujahr und manchmal auch zu andern Zeiten bettelnd in seines Vaters Haus gekommen waren.

Wenn aus bedecktem Himmel ein Sonnenstrahl in eine trübe Gasse fällt, so ist es einerlei, was er trifft: die Flaschenscherbe am Boden, das zerfetzte Plakat an der Wand oder den blonden Flachs eines Kinderkopfes: er bringt Licht, er bringt Zauber, er verwandelt und verklärt.

Spielplatz hinter der Salzgasse

Hier war kein Mensch zu sehen, das Gäßlein lag voll Schatten, und nur die oberen Fenster spiegelten den goldenen Tag.

Zu den einfachsten Bedürfnissen, auf die man sich sonst nie besinnt, weil sie nie zum Hunger werden, gehört auch die Heimat. Damit meine ich nicht das Vaterland – das gehört schon zu den höheren, geistigeren Gaben und Bedürfnissen. Ich meine die Bilder, die jeder von uns als sein bestes Erinnerungsgut aus der Kindheit bewahrt hat. Sie sind nicht darum so schön, weil die Heimat unbedingt schöner wäre als die andre Welt; sondern darum, weil wir sie zuerst, mit der ersten Dankbarkeit und Frische unserer jungen Kinderaugen gesehen haben. – Das ist keine Sentimentalität. Das Sicherste, was wir haben, wenn wir nicht die höchsten Stufen im Geistigen erreicht haben, das ist die Heimat. Man kann verschiedenes darunter verstehen. Die Heimat kann eine Landschaft sein, oder ein Garten, oder eine Werkstatt, oder auch ein Glockenklang, oder ein Geruch. Das, worum es sich handelt, ist die Erinnerung an die Zeit des Heranwachsens, an die ersten stärksten, heiligsten Eindrücke unseres Lebens. Dazu gehört auch die Mundart der Heimat. Mir, der ich in der Fremde lebe, ist bei jedem Heimkommen der erste schwäbische Bahnschaffner ein wahrer Paradiesvogel! ... Es ist ans Innerste gerührt, an den kleinen sicheren Schatz, den wir aus den Jahren der frühesten Jugend haben. Da liegen Bilder und Eindrücke durcheinander, man schätzt sie oft wenig, aber alles zusammen ist eine satte Lösung, an die man nicht rühren kann, ohne daß es Kristalle gibt.

Morgenlicht
in der Altburger Straße

Es war wohl als Schlußstein über der Torwölbung eine Art Wappen vorhanden, doch war es im Lauf der Zeiten flach und oftmals mit Farbe überstrichen worden . . .

Türbogen eines Bürgerhauses in der Lederstraße

Noch einmal kostete der Heimgekehrte das Licht und den Duft, die Geräusche und Gerüche der Heimat und die ganze erregende und sättigende Vertrautheit des Daheimseins: Gewühl der Bauern und Bürger auf dem Viehmarkt, durchsonnte Schatten brauner Kastanienbäume, Trauerflug später dunkler Herbstfalter an der Stadtmauer, Klang des vierstrahligen Marktbrunnens, Weingeruch und hohles hölzernes Gehämmer aus der gewölbten Kellereinfahrt des Küfermeisters, wohlbekannte Gassennamen, jeder dicht behangt von einem unruhigen Schwarm von Erinnerungen. Mit allen Sinnen schlürfte der Heimatlose den vielfältigen Zauber des Zuhauseseins, des Kennens, des Wissens, des Sicherinnerns, der Kameradschaft mit jeder Straßenecke und jedem Prellstein. Schlendernd und unermüdet war er den ganzen Nachmittag in allen Gassen unterwegs, belauschte den Messerschleifer am Fluß, sah dem Drechsler durchs Fenster seiner Werkstatt zu, las auf neugemalten Schildern die alten Namen wohlbekannter Familien. Er tauchte die Hand in den steinernen Trog des Marktbrunnens, seinen Durst aber löschte er erst unten am kleinen Abtsbrünnlein, das noch immer geheimnisvoll wie vor all den verflossenen Jahren im Erdgeschoß eines uralten Hauses entsprang und in der seltsam klaren Dämmerung seiner Quellstube zwischen den Steinplatten rauschte. Am Flusse stand er lange und lehnte an der hölzernen Brüstung überm ziehenden Wasser, worin das dunkle Seegras langhaarig wallte und die schmalen Rücken der Fische schwarz und stille über den zitternden Kieseln standen. Er ging über den alten Steg und ließ sich in der Mitte in die Kniekehlen sinken, um wie als Knabe den feinen, lebendig elastischen Gegenschwung des Brückleins in sich zu spüren.

Die Gärtnersfrau
auf dem Wochenmarkt

PÄDIETECHNIK

Mit einemmal fühlte ich mit beklemmender Neuheit, wie sehr ich meine Heimat liebte, wie tief mein Herz und Wohlsein abhängig war von diesen Dächern und Türmen, Brücken und Gassen, von den Bäumen, Gärten und Wäldern.

So hat meine Kindheit, damit ich
Fremdling werde auf Erden und dennoch
Dieser Erde werbend Liebender,
Mich zwei Heimaten eingepflanzt,
Mich mit zweier Länder Duft und zweier
Mundarten schlichter Musik beschenkt und gebildet.
Heimat war mir Schwaben und war mir Basel am Rheine.
Doch meiner Eltern Land, das Reich dem sie dienten,
War das Reich Gottes, ihr Volk
War die Christenheit, schon von Kind auf
Wußten sie sich zu Boten Gottes,
Zu Missionaren berufen . . .
Und mich umhegte der Zauber
Gläubiger Kindheit, es sprachen
Garten und Bach, Himmel und Tierwelt den kleinen
Bruder brüderlich an, es rauschten
Wald und Brunnen, Mundart und Kirchenlied
Ihre alten heiligen Melodien
Mir in Ohr und Herz, es umfing mich
Freundliche Heimat, kreatürliche Welt.
Mägde liebten und straften uns,
Nachbarkinder wußten verbotne Geschichten,
Feste erglänzten im rhythmischen Gang des Jahres,
Rätsel und Lieder, Sprüche und Heidenglaube
Ferner Ahnen wurzelten traulich
Mitten im christlichen Garten, dem Kinde
Nah und teuer wie Dom und Choral.

Herdrauch über der Altstadt

Er sah die Linden stehen und den Marktplatz in der Sonne daliegen, alles wie sonst, aber alles schöner und bedeutungsvoller und freudiger.

Ohne Eile spazierte er weiter und vergaß nichts, nicht die Kirchenlinde mit dem kleinen Rasenstück und nicht das Wehr der oberen Mühle, seinen einstigen Lieblingsbadeplatz. Er blieb vor dem Häuschen stehen, in dem vor Zeiten sein Vater gewohnt hatte, und lehnte sich eine kleine Weile zärtlich mit dem Rücken an die alte Haustür, suchte auch den Garten auf und sah über einen lieblosen neuen Drahtzaun weg in eine neu angelegte Pflanzung hinein – aber die vom Regenwasser abgerundeten Steinstufen und der runde, feiste Quittenbaum neben der Tür waren noch die alten.

Am oberen Marktplatz –
die »Kirchberglinde«

ALLIANZ

Und wenn ich dann einen schönen Falter sah, er brauchte nicht einmal besonders selten zu sein, wenn er auf einem Blumenstengel in der Sonne saß, und die farbigen Flügel atmend auf und ab bewegte . . ., wenn ich näher und näher schlich und jeden leuchtenden Farbenfleck und jede kristallene Flügelader und jedes feine Haar der Fühler sehen konnte, das war eine Spannung und Wonne, eine Mischung von zarter Freude und wilder Begierde, die ich später im Leben selten mehr empfunden habe.

Tagpfauenauge

Die hübsche Straße nach der Stadt war an diesem Morgen seit dem ersten Hahnenschrei so lebhaft begangen und befahren, wie es nur einmal im Jahre zu sehen war, denn in der Stadt sollte heute der große Markt abgehalten werden, und auf zwanzig Meilen rundum war kein Bauer und keine Bäuerin, kein Meister und kein Gesell noch Lehrbube ... die nicht seit Wochen an den großen Markt gedacht und davon geträumt hätten, ihn zu besuchen.

Kaum war er noch eine Gasse weit gegangen, da hallte rings um ihn Lärm und Jahrmarktgetöse; in hundert Buden hielten schreiende Händler ihre Waren feil, Kinder bliesen in versilberte Trompeten, Metzger fischten Kränze von frischen, nassen Würsten aus großen kochenden Kesseln, ein Quacksalber stand hoch auf einer Tribüne, blickte eifrig aus einer dicken Hornbrille und hatte eine Tafel aller menschlichen Krankheiten und Gebrechen aufgehängt.

Jahrmarkt in der Biergasse

Wohl gab es überall Veränderungen und Neues, das Angesicht des Städtleins aber war nicht älter noch anders geworden und sah den Ankömmling vertraut und mütterlich an, so daß es ihm wohl und geborgen zu Mute ward und die Jahrzehnte der Fremde und Reisen und Abenteuer wunderlich zusammengingen und einschmolzen, als wären sie nur ein Abstecher und kleiner Umweg gewesen. Geschäfte gemacht und Geld verdient hatte er da und dort, er hatte auch in der Ferne ein Weib genommen und verloren, sich wohl gefühlt und Leid erfahren, allein zugehörig und daheim war er doch nur hier, und während er für einen Fremden galt und sogar als Ausländer betrachtet wurde, kam er sich selber ganz zu Hause und gleichartig mit diesen Leuten, Gassen und Häusern vor.
Die Neuerungen in der Stadt gefielen ihm nicht übel. Er fand, es sei auch hier Arbeit und Bedürfnis gewachsen, wenn auch mit Maß, und sowohl die Gasanstalt wie das neue Volksschulhaus fanden seine Billigung. Die Bevölkerung schien ihm, der dafür in der Welt ein Auge bekommen hatte, recht wohlerhalten, ob auch nicht mehr so ungemischt einheimisch wie vor Zeiten, da die Enkel von Zugewanderten noch durchaus für Fremde gegolten hatten. Die ansehnlicheren Geschäfte schienen alle noch in den Händen von ortsbürtigen Leuten zu sein, der Zuwachs ... war nur unter der Arbeiterschaft deutlich zu spüren. Es mußte also das bürgerliche Leben von einstmals noch wohlerhalten fortbestehen, und es war zu hoffen, daß ein Heimkommender auch nach langer Abwesenheit sich bald zurechtfinden und wieder heimisch machen könne.
Kurz, dem Manne kam die Heimat, die er sich nicht in den Zeiten der Fremde durch Heimweh und Erinnerungslust unnütz verklärt hatte, nun lieblich vor und atmete einen Zauber, dem er nicht widerstand.

APOTHEKE

Es war ein heller Tag im Oktober; die leichte, durchsonnte Luft wurde von launigen kurzen Windzügen bewegt, aus Feldern und Gärten zog in dünnen, zögernden Bändern der hellblaue Rauch von Herbstfeuern und erfüllte die lichte Landschaft mit einem scharfsüßen Geruch von verbranntem Kraut und Grünholz. In den Dorfgärten blühten sattfarbige Buschastern, späte bläßliche Rosen und Georginen, und an den Zäunen brannte noch hier und dort eine feurige Kapuzinerblüte aus dem schon matt und weißlich schimmernden Gekräut.

Am Ende des Teuchelwegs

Man schaute von hier aus hoch auf die Altstadt hinab, weiterhin sah man talabwärts den Fluß durch die Wiesen laufen und gegenüber die roten Felsenhöhen hängen, und rückwärts hatte man in nächster Nähe den Tannenwald.

Seltsam schöne Hügelfluchten,
Dunkle Berge, helle Matten,
Rote Felsen, braune Schluchten,
Überflort von Tannenschatten!

Wenn darüber eines Turmes
Frommes Läuten mit dem Rauschen
Sich vermischt des Tannensturmes,
Kann ich lange Stunden lauschen.

Dann ergreift wie eine Sage,
Nächtlich am Kamin gelesen,
Das Gedächtnis mich der Tage,
Da ich hier zu Haus gewesen.

Da die Fernen edler, weicher,
Da die tannenforstbekränzten
Berge seliger und reicher
Mir im Knabenauge glänzten.

Von der Schillerstraße
Blick über die Stadt
zu den Höhen des Heckengäus

Es war hier dämmrig und überaus stille, durch das einzige Fenster sah ich hell die Wand des Hinterhauses leuchten, von der Sonne bestrahlt, mit dem großen finsteren Loch des Dachbodenfensters, über dem etwas schief und überanstrengt das kleine Rad des Aufzugs hing, zum Hinaufseilen des Brennholzes.

Heimat, Jugend, Lebens-Morgenstunde,
Hundertmal vergessen und verloren,
Kommt von dir mir eine späte Kunde
Hergeweht, so quillt's aus allen Tiefen,
Die verschüttet in der Seele schliefen,
Süßes Licht du, Quelle neugeboren!

Zwischen Einst und Heut das ganze Leben,
Das wir oft für stolz und reich gehalten,
Zählt nicht mehr; ich lausche hingegeben
Den so jungen, den so ewig-alten
Märchenbrunnen-Melodien wieder
Der vergessenen alten Kinderlieder.

Über allen Staub und alle Wirre
Leuchtest du hinweg und alle Mühe
Unerfüllten Strebens in der Irre,
Lautre Quelle, reines Licht der Frühe.

Winkel im Zwinger

Mittlerweile hatten wir die letzte Hügelhöhe erreicht, die von einem Absatz zum andern nahe geschienen und sich hingezögert hatte. Nun sahen wir von einem Felsen über merkwürdig verkürzte, abschüssige Felder hinweg, durch die wir gestiegen waren, tief im engen Tale die Stadt liegen. Hinter uns aber stand auf welligem Lande stundenweit der schwarze Tannenwald, hin und wieder von schmalen Wiesen oder von einem Stück Kornland unterbrochen, das aus der bläulichen Schwärze heftig hervorleuchtete.
»Schöner als hier ist's eigentlich doch nirgends«, sagte ich nachdenklich.
Mein Vater lächelte und sah mich an.
»Es ist deine Heimat, Kind. Und schön ist sie, das ist wahr.«
»Ist deine Heimat schöner, Papa?«
»Nein, aber wo man ein Kind war, da ist alles schön und heilig.«

Blick vom Hohen Fels

Jenseits des Wassers, durch eine Brücke mit der Stadt verbunden, zog sich zwischen Fluß und Berghang noch eine einzige lange Häuserzeile hin, die sonnigste der Stadt.

Da ging ich über die bleichen Öhmdwiesen zum Fluß hinunter, legte meine leichte Kleidung ab und sprang ins kühle Wasser, dessen rasche Strömung mich sogleich zu Kampf und kräftigem Widerstand nötigte. Ich schwamm eine Viertelstunde flußaufwärts, Schwüle und Wehmut rannen mit dem frischen Flußwasser von mir ab, und als ich gekühlt und leicht ermüdet meine Kleider wieder suchte und naß hineinschlüpfte, war mir die Rückkehr zu Haus und Bette leicht und tröstlich.

In dem engen, tief eingeschnittenen und gewundenen Flußtal kam die Dämmerung früh. Das Wasser lag schwarz und still unter der Brücke, in der untern Mühle war schon Licht. Geplauder und Gesang lief über Brücken und Gassen, die Luft war ein wenig schwül und im Flusse sprang alle Augenblicke ein dunkler Fisch mit kurzem Schlag in die Höhe.

Häuserzeile im Bischof

Durch meine Vaterstadt im Schwarzwald floß ein Fluß, ein Fluß, an dem damals nur erst ganz wenige Fabriken standen, wo es viele alte Mühlen und Brücken, Schilfufer und Erlengehölze, wo es viele Fische und im Sommer Millionen von dunkelblauen Wasserjungfern gab. Es ist mir unbekannt, wie sich die Fische und die Wasserjungfern zwischen dem zunehmenden Zementgemäuer der Ufer und den zunehmenden Fabriken gehalten haben, vielleicht sind sie noch immer da. Vermutlich längst verschwunden aber ist etwas, was es damals auf dem Flusse gab, etwas Schönes und Geheimnisvolles, etwas Märchenhaftes, etwas vom Allerschönsten, was dieser schöne sagenhafte Fluß besaß: die Flößerei ...

Weit öfter, als mein guter Vater ahnte, bin ich als kleiner Bub für kurze Strecken blinder Passagier auf einem Floß gewesen. Es war streng verboten, man hatte nicht nur die Erzieher und die Polizei gegen sich, sondern leider meistens auch die Flößer. Schöneres und Spannenderes gibt es für einen Knaben nicht auf der Welt, als eine Floßfahrt. Denke ich daran, so kommt mit hundert zauberhaften Düften die ganze Heimat und Vergangenheit herauf. Ein vorüberfahrendes Floß besteigen konnte man entweder vom Laufsteg eines Schleusentors, einer sogenannten »Stellfalle« aus – das galt für schneidig und forderte einigen Mut, oder aber vom Ufer aus, was oft gar nicht schwierig war, aber doch jedesmal mit einem halben oder ganzen Bad bezahlt werden mußte ... Diese mit Nässe, Frieren, mit Schimpfworten der Flößer, Predigten der Eltern bezahlte Seligkeit wog doch alles auf, war doch alles wert, was man dafür geben mußte!

Das Nagoldwehr beim Tanneneck

Wir sitzen lang im Schatten, alte Leute,
Ein Buch im Schoß, geblendete Augen senkend,
Freundlich gewiegt vom sommerlichen Heute,
Doch heimlich der Vorangegangenen denkend,
Für die nicht Winter mehr noch Sommer tagen
Und die doch in den Hallen, auf den Wegen
Uns nahe sind und unsichtbar zugegen
Und zwischen Dort und Hier die Brücke schlagen.

Vom Baum des Lebens fällt
Mir Blatt um Blatt,
O taumelbunte Welt,
Wie machst du satt,
Wie machst du satt und müd,
Wie machst du trunken!
Was heut noch glüht,
Ist bald versunken ...

Im herbstlichen Park

Dann schritt er über den oberen Steg und durch unveränderte, arme enge Gassen der Gegend zu, wo einst die Schlotterbecksche Weißgerberei gewesen war. Da suchte er jedoch das hohe Giebelhaus und den großen Grasgarten mit den Lohgruben vergebens.

Wenn wir jetzt die Heimat wieder sehen,
Gehen wir bezaubert durch die Stuben,
Bleiben lang im alten Garten stehen,
Wo wir einst gespielt als wilde Buben.

Und von jenen Herrlichkeiten allen,
Die wir draußen in der Welt erbeutet,
Will uns keine freun mehr und gefallen,
Wenn daheim die Kirchenglocke läutet.

Stille gehen wir die alten Wege
Durch das grüne Land der Kindertage,
Und sie werden uns im Herzen rege
Fremd und groß wie eine schöne Sage.

Ach, und alles, was auf uns mag warten,
Wird den reinen Glanz doch nicht mehr haben
Wie vorzeiten, da wir noch als Knaben
Falter fingen, jeder Tag im Garten.

Badstraße

Es dunkelte schon. Aus einem nahen Wirtshaus tönte Geschrei und heiseres Singen herüber. Manche Fenster waren beleuchtet, da und dort entzündete sich eins und wieder eins und legte einen schwachen roten Schein in die dunkle Luft.

Abends in der Biergasse

Bäckerei
seit 1899

Knechts Vaterhaus stand am Rande der kleinen Stadt, zu oberst in einer steil bergan führenden Gasse, die vom glokkentiefen Amboßklang einer Schmiede und vom Geruch versengter Roßhufe beherrscht war und aus zwei Reihen von kleinen Fachwerkhäusern bestand, die ihre spitz hochlaufenden Giebel zur Gasse kehrten und deren jedes vom andern durch einen modrig finstern Zwischenraum getrennt war ...

In dieser Gasse sind die unteren Häuser recht stattlich mit polierten Türen und schönen Riegelwänden, so geht es bis zur Steigschmiede, die beherrscht mit ihrem hellen Amboßgeläut die ganze Gasse ... Dann aber wird die breite Gasse plötzlich schmal und sehr steil und es stehen hier oben nur noch kleine und ärmliche Häuser. Eines von ihnen war das meines Vaters.

Metzgergasse
(in Hesses Erzählungen: Münzgasse)

TAXI
Ausfahrt
Schlosserei
Jeans Laden

Der Spezial wohnte nahe der Kirche in einem schönen steinernen Amtshause, das von der Gasse etwas zurückstand und mit ihr durch eine breite, schwer gemauerte Treppe mit acht oder zehn Stufen verbunden war. Ein Portal mit massiver Nußbaumtür und schwerem Messingbeschlag führte ins Haus, das man Spezialat nannte, aber im Erdgeschoß dieses Hauses waren keine Wohnräume, nur eine große leere Vorhalle mit Steinfliesen und ein saalartiger, flach gewölbter Raum für Sitzungen; hier konferierten zuweilen die Gemeindeältesten und kamen alle paar Wochen die Geistlichen der Umgegend bei ihrem Vorgesetzten und Visitator zu einer kollegialen Geselligkeit mit Vorträgen und Disputationen zusammen. Die Wohnung des Spezials und seiner Familie lag ein Stockwerk höher. Diese vornehme Abgeschlossenheit und Unsichtbarkeit seines Alltagslebens paßte sehr zum Spezial, obwohl er sie nur einem Zufall verdankte: Das Spezialat war in frühern Zeiten das Amtshaus des gräflichen Vogtes gewesen und es gab noch einige alte Leute am Ort, die es »Vogtei« hießen. Nicht selten hatte der Knabe Knecht, wenn er in diese Gegend kam, sich das vornehme und geheimnisvolle Haus des Spezials neugierig angesehen, war die kühle Vortreppe hinan geschlichen, hatte das glänzende Messing an der altersdunklen Tür berührt und die Ornamente darauf betrachtet, hatte auch etwa durch einen Türspalt einen Blick ins Haus getan, in die stille Vorhalle, aus deren stiller, düstrer Leere man weit hinten eine Treppe hinan führen sah. Andere, gewöhnliche Häuser erlaubten irgendeinen Blick in das Leben ihrer Bewohner, man sah durchs Fenster jemand in der Stube sitzen, sah Hausbesitzer, Knecht oder Magd bei einer Arbeit, sah Kinder spielen.

Dekanat und Helferei
oberhalb der Stadtkirche

Noch bestand, selbst in der üppigen Residenz Stuttgart, dies Zusammenleben von Stadt und Land, von Menschen und Vieh in seiner harmlosen und anmutigen Natürlichkeit; im Juni dufteten die Gassen nach Heu, im September nach Obst und süßem Most, zwischen den Häusern und dem Fluß wandelten morgens und abends die klugen, streitsüchtigen Gänse, im Herbst und Winter wurde vor den Häusern das Tannen- und Buchenholz in Klaftern abgeladen und aufgebaut, und am Rand der Gasse von den Hausvätern, Knechten oder Mägden kurzgesägt und auf dem Block in Scheiter gespalten. Es war ein hübsches Städtchen, umfaßt von starken Mauern, in deren Ritzen kleine Farne wuchsen und auf deren Innenseite fast lauter Gärten lagen, meist Grasgärten mit Nuß-, Birn- und Apfelbäumen, dazwischen standen auch schon zwei von den später sehr beliebten Zwetschgenbäumen, gewachsen aus jenen paar Reisern, welche im Jahr 1688 die Übriggebliebenen jenes schwäbischen Regiments aus Belgrad mitgebracht hatten, wofür sie noch lange von den Baumzüchtern gepriesen wurden. Von der gotischen Kirche, deren Turm im 30jährigen Kriege beschädigt worden und bis zur Stunde nur mit einem bretternen Notdach versehen war, liefen um den gepflasterten Marktplatz herum in unregelmäßigen Reihen die vornehmern Häuser der Altstadt, stolz mit doppelter Freitreppe das Rathaus, aus Herzog Ulrichs Zeiten; von da verloren sich die Gassen, minder prächtig, abwärts zum Flusse, mit der oberen und unteren Mühle endend.

Bei der Stadtmauer
hinter der Metzgergasse

Eines Nachmittags, erinnere ich mich, kamen wir an einem Kirchhof vorüber, der samt einer kleinen Kapelle verlassen zwischen den Feldern lag, weit weg vom nächsten Dorf, und mit seinen dunkeln Gebüschen überm Mauerkranz recht friedvoll und heimatlich ruhte. Am Eingangsgitter standen zwei große Kastanienbäume, es war aber verschlossen.
Ich fragte: »Schon wieder Feierabend?«
»Wohl, wohl, sonst tun mir bald die Sohlen weh.«
»Ja, muß es denn gerade ein Kirchhof sein?«
Da stieg ich mit hinüber und sah, daß er recht hatte, denn es lohnte sich wohl, über das Mäuerlein zu klettern. Da innen lagen in geraden und in krummen Reihen die Gräber nebeneinander, die meisten mit einem weißen Kreuz von Holz versehen.

Bäume sind für mich immer die eindringlichsten Prediger gewesen. Ich verehre sie, wenn sie in Völkern und Familien leben, in Wäldern und Hainen. Und noch mehr verehre ich sie, wenn sie einzeln stehen. Sie sind wie Einsame. Nicht wie Einsiedler, welche aus irgendeiner Schwäche sich davongestohlen haben, sondern wie große, vereinsamte Menschen, wie Beethoven und Nietzsche. In ihren Wipfeln rauscht die Welt, ihre Wurzeln ruhen im Unendlichen; allein sie verlieren sich nicht darin, sondern erstreben mit aller Kraft ihres Lebens nur das eine: ihr eigenes in ihnen wohnendes Gesetz zu erfüllen, ihre eigene Gestalt auszubauen, sich selbst darzustellen. Nichts ist heiliger, nichts ist vorbildlicher als ein schöner, starker Baum.

Friedhof in Holzbronn

... das nahe Rauschen der Mühlenwehre, das tiefe, ruhige Wasser! Und das Lichterspiel auf dem Fluß ...

Einst vor tausend Jahren gab es
Eine Heimat, einen Garten,
Wo im Beet des Vogelgrabes
Aus dem Schnee die Krokus starrten.

Vogelschwingen möcht ich breiten
Aus dem Bann, der mich umgrenzt,
Dort hinüber, zu den Zeiten,
Deren Gold mir heut noch glänzt.

An der Nagold bei der »Kratze«

Nun sind die Winterabende wieder da, die langen Abende mit Ofenwärme und Lampenlicht, wo man gerne sitzt und ruht und etwas liest, aber nichts Wildes und Heißes, sondern ruhige gediegene Sachen.

Die Stätten meiner frühen Jugend, die mir einst Heimat zu sein schienen, sind für mich zu einer Art verlorenem Paradies geworden. Wenn ich sie heute, nach Jahrzehnten, wiedersehen würde, so würde ich sie verändert, umgebaut, verwandelt finden, und wahrscheinlich würde es mir leid tun, das ideale Bild meiner Erinnerungen und meines Heimwehs durch den Anblick der Wirklichkeit zerstört zu sehen. Die Sehnsucht nach verlorener Heimat ist ähnlich der Trauer um die Kindheit und den Kinderglauben. Wir müssen diese Sehnsucht nicht hegen und pflegen und an ihr krank werden, sondern diese Seelenkraft der Gegenwart und Wirklichkeit zuwenden. Ein sehr großer Teil der Menschheit ist heute heimatlos und muß durch Hingabe an die neuen Orte, Menschen und Aufgaben sich die Fremde zur Heimat zu machen versuchen.

Am oberen Marktplatz

IFA

Nachweis der Texte von Hermann Hesse

Seite
8 Aus dem Geleitwort zum Sammelband »Gerbersau«, 1948
Aus »Peter Bastians Jugend«, 1902
11 Aus »Heimat«, 1918
Aus »In einer kleinen Stadt«, 1906/07
12 Aus »Die blaue Ferne«,
Aus »Erlebnis in der Knabenzeit«, 1901
14 Aus »Knulp«, 1915
16 Aus »Heimat«, 1918
Aus einem Brief, 1915
18 Aus »Kindheit des Zauberers«, 1923
Aus »Schön ist die Jugend«, 1907
Aus »In einer kleinen Stadt«, 1906/07
20 Aus »Berthold«, 1907/08
Aus »Heimkehr«, 1909
22 Aus »Schön ist die Jugend«, 1907
24 Aus »Unterbrochene Schulstunde«, 1948
26 Aus »In der alten Sonne«, 1904
Aus »In einer kleinen Stadt«, 1906/07
28 Aus »In der alten Sonne«, 1904
30 Aus »Heimat«, 1918
Aus »Eine Fußreise im Herbst«, 1905
32 Aus »Brief an Adele«, 1946
Aus »Floßfahrt«, 1928
34 Aus »Knulp«, 1915
36 Aus »Glück«, 1948
38 Aus »Heimat«, 1918
Aus »Knulp«, 1915
40 Aus »Johann Schwertles Bilderbuch«, (unveröffentlicht)
42 Aus »Die Heimkehr«, 1909
Aus »Schön ist die Jugend«, 1907
44 Aus »Der Zyklon«, 1913
46 Aus »In einer kleinen Stadt«, 1906/07
Aus »Unterbrochene Schulstunde«, 1948
48 Aus »Unterm Rad«, geschrieben 1903
Über das »Steinhaus« in »Kindheit des Zauberers«, 1923
50 Aus »Unterm Rad«, geschrieben 1903
52 Aus »Herr Claassen«, 1936
54 Aus »Schön ist die Jugend«, 1907
Aus »Alemannisches Bekenntnis«, 1919
56 Aus »Der vierte Lebenslauf Josef Knechts«, 1934
Aus »Schön ist die Jugend«, 1907
58 Aus »Knulp«, 1915
60 Aus »Die Heimkehr«, 1909
Aus »Calwer Tagebuch«, 1901 (unveröffentlicht)
62 Aus »In einer kleinen Stadt«, 1906/07
Aus einem Brief, 1954
64 Aus »Heimat«, 1918
Aus einem Brief von 1930
66 Aus »Unterm Rad«, geschrieben 1903
Aus »Der Lateinschüler«, 1905

Seite
68 Aus »Die Marmorsäge«, 1904
70 Aus »Unterm Rad«, geschrieben 1903
Aus »Schön ist die Jugend«, 1907
72 Aus »Kindheit des Zauberers«, 1923
Aus einem Brief, 1947
74 Aus »Erlebnis aus der Knabenzeit«, 1901
Aus »Prosa« (unveröffentlicht)
76 Aus einem Brief von 1899
78 Aus »Schön ist die Jugend«, 1907
Aus einem Brief, 1947
Aus »Unterm Rad«, geschrieben 1903
80 Aus »Hans Dierlamms Lehrzeit«, 1909
Aus »Schriften zur Literatur«, 1970
82 Aus »Faldum«, 1915
Aus »Lektüre für Minuten«, 1971
84 Aus »Demian«, geschrieben 1916/17
86 Aus »Knulp«, 1915
88 Aus »Der Zyklon«, 1913
Aus dem Gedicht »Rückblick«
90 Aus »Unterm Rad«, geschrieben 1903
Aus »Knulp«, 1915
93 Aus »Das Nachtpfauenauge«, 1911
94 Aus »Faldum«, 1915
96 Aus »Die Heimkehr«, 1909
98 Aus »Knulp«, 1915
100 Aus »Die Heimkehr«, 1909
Aus dem Gedicht »Schwarzwald«
102 Aus »Großväterliches«, 1952
Aus dem Gedicht »Licht der Frühe«
104 Aus »Schön ist die Jugend«, 1907
107 Aus »Der vierte Lebenslauf Josef Knechts«, 1934
Aus »Schön ist die Jugend«, 1907
Aus »Unterm Rad«, geschrieben 1903
108 Aus »Floßfahrt«, 1928
110 Aus dem Gedicht »Sommertag auf einem alten Landsitz« vom Juni 1941
Aus dem Gedicht »Vergänglichkeit«
112 Aus »Die Heimkehr«, 1909
»Meinem Bruder« aus »Die Gedichte«, 1942
114 Aus »Unterm Rad«, geschrieben 1903
116 Aus »Der vierte Lebenslauf Josef Knechts«, 1934
118 Aus »Der vierte Lebenslauf Josef Knechts«, 1934
120 Aus »Der vierte Lebenslauf Josef Knechts«, 1934
122 Aus »Knulp«, 1915
Aus »Bäume«
124 Aus »Unterm Rad«, geschrieben 1903
Aus dem Gedicht »Einst vor tausend Jahren«
126 Aus »Schriften zur Literatur«, 1970
Aus einem Brief von 1960

Die Jahreszahlen verweisen in der Regel auf die Entstehungszeit des zitierten Textes. Das Werk von Hermann Hesse erscheint im Suhrkamp Verlag, Frankfurt am Main und ist in zahlreichen Einzel- und Sammelausgaben lieferbar. Die meisten der hier zitierten Texte finden sich in der Hesse-Werkausgabe Frankfurt am Main, 1970 und in der Edition »Die Erzählungen« bzw. »Gesammelte Erzählungen«.